¿QUIÉN LLORA EN EL PARQUE?

Laura Matsuda

Ilustrado por: Julian Thomas

Copyright © 2023 por Laura Matsuda
ISBN: 978-1-960224-18-7
Traducido por: Martha Salazar de Soliz

Todos los derechos reservados. Ninguna parte de este libro puede ser reproducida o transmitida en cualquier forma o por cualquier medio, electrónico o mecánico, incluyendo fotocopias, grabaciones, o por cualquier sistema de almacenamiento y recuperación de información, sin permiso por escrito del propietario de los derechos de autor.

Las opiniones expresadas en este trabajo son las del autor y no reflejan necesariamente las opiniones del editor y rechaza cualquier responsabilidad por ellos.

Para solicitar copias adicionales de este libro, póngase en contacto con:
Proisle Publishing Services LLC
39-67 58th 1st Floor Woodside
Nueva York, NY 10036, USA
Teléfono: (+1 347-922-3779)
info@proislepublishing.com

https://lauramatsudabooks.com/

CONECTA LA PALABRA CON LA IMAGEN

Word 'Find it'

m	a	r	a	p	m	p
k	l	✿	b	u	o	a
i	d	p	o	p	m	r
t	o	e	t	p	✿	k
t	h	n	t	y	✿	✿
e	u	n	l	d	a	d
n	g	y	e	c	r	y

1. mara ☐
2. kitten ☐
3. Aldo ☐
4. Penny ☐
5. bottle ☐
6. puppy ☐
7. dad ☐
8. cry ☐
9. park ☐
10. mom ☐
11. hug ☐

www.ingramcontent.com/pod-product-compliance
Lightning Source LLC
LaVergne TN
LVHW070220080526
838202LV00067B/6871